BEI GRIN MACHT SICH IHR WISSEN BEZAHLT

- Wir veröffentlichen Ihre Hausarbeit,
  Bachelor- und Masterarbeit

- Ihr eigenes eBook und Buch -
  weltweit in allen wichtigen Shops

- Verdienen Sie an jedem Verkauf

Jetzt bei www.GRIN.com hochladen und kostenlos publizieren

Bibliografische Information der Deutschen Nationalbibliothek:

Die Deutsche Bibliothek verzeichnet diese Publikation in der Deutschen National-bibliografie; detaillierte bibliografische Daten sind im Internet über http://dnb.d-nb.de/ abrufbar.

Dieses Werk sowie alle darin enthaltenen einzelnen Beiträge und Abbildungen sind urheberrechtlich geschützt. Jede Verwertung, die nicht ausdrücklich vom Urheberrechtsschutz zugelassen ist, bedarf der vorherigen Zustimmung des Verla-ges. Das gilt insbesondere für Vervielfältigungen, Bearbeitungen, Übersetzungen, Mikroverfilmungen, Auswertungen durch Datenbanken und für die Einspeicherung und Verarbeitung in elektronische Systeme. Alle Rechte, auch die des auszugsweisen Nachdrucks, der fotomechanischen Wiedergabe (einschließlich Mikrokopie) sowie der Auswertung durch Datenbanken oder ähnliche Einrichtungen, vorbehalten.

Impressum:

Copyright © 2019 GRIN Verlag
Druck und Bindung: Books on Demand GmbH, Norderstedt Germany
ISBN: 9783346086273

Dieses Buch bei GRIN:

https://www.grin.com/document/510238

Sabrina Hämmerlein

Sportanlagen- und Sportstättenmanagement

GRIN Verlag

GRIN - Your knowledge has value

Der GRIN Verlag publiziert seit 1998 wissenschaftliche Arbeiten von Studenten, Hochschullehrern und anderen Akademikern als eBook und gedrucktes Buch. Die Verlagswebsite www.grin.com ist die ideale Plattform zur Veröffentlichung von Hausarbeiten, Abschlussarbeiten, wissenschaftlichen Aufsätzen, Dissertationen und Fachbüchern.

Besuchen Sie uns im Internet:

http://www.grin.com/

http://www.facebook.com/grincom

http://www.twitter.com/grin_com

Deutsche Hochschule für

Prävention und Gesundheitsmanagement

Hermann Neuberger Sportschule 3

66123 Saarbrücken

Einsendeaufgabe

Fachmodul: Sportanlagen- und Sportstättenmanagement

Studiengang: Sportökonomie

Datum
Präsenzphase: 20.05.19-23.05.19

Name, Vorname: Hämmerlein, Sabrina

Studienort: **Stuttgart**

Semester: **WS 16**

Inhaltsverzeichnis

1 Sportanlagen- und Sportstättenbau

Beim Bau einer Sportstätte müssen wesentliche Schritte in die Planung eingebunden werden. Diese sollen nachfolgend erklärt, und mit Hilfe des PLANNET-Diagramms und der Netzplantechnik dargestellt werden.

Der Bau einer Sportanlage bedarf einer guten Planung, um diesen umzusetzen, nachfolgend sind die einzelnen Phasen dargestellt und nach der Reihenfolge der Umsetzung geordnet.

Tab. 1: Phasen der Planung

Vorgang	Dauer	Vorgänger	Nachfolger
A Markt- und Bedarfsanalyse	2	-	B,C
B Standortwahl	1	A	D
C Sportverhaltens- und Nutzeranalyse	3	A	D
D Raumprogramm und Funktionsanalyse	1	B,C	E
E Konzeptualisierung mit Kostenschätzung und Betriebskostenanalyse	4	D	F
F Machbarkeit und Finanzierung klären	6	E	G
G Planung und Festlegung der Baudetails	8	F	H
H Realisierung des Baus	14	G	I
I Betrieb der Sporthalle	>12	H	-

Zunächst werden die Schritte mit Hilfe der PLANNET-Technik dargestellt. Die PLANNET-Technik zeigt die jeweiligen Schritte des Projekts und stellt die terminliche Abhängigkeit zwischen den jeweiligen Vorgängen mit Hilfe von Verbindungsschritten dar. Es werden zusätzlich Pufferzeiten beachtet, welche sich im Zuge der Planung ergeben (Olfert, 2008, S.105). In der bearbeiteten Aufgabe können die Standortwahl und die Sportverhaltens- und Nutzungsanalyse parallel durchgeführt werden. Daraus ergibt sich für die Standortwahl eine Pufferzeit von zwei Monaten, welche in der nachfolgenden Abbildung hellgrau dargestellt wird.

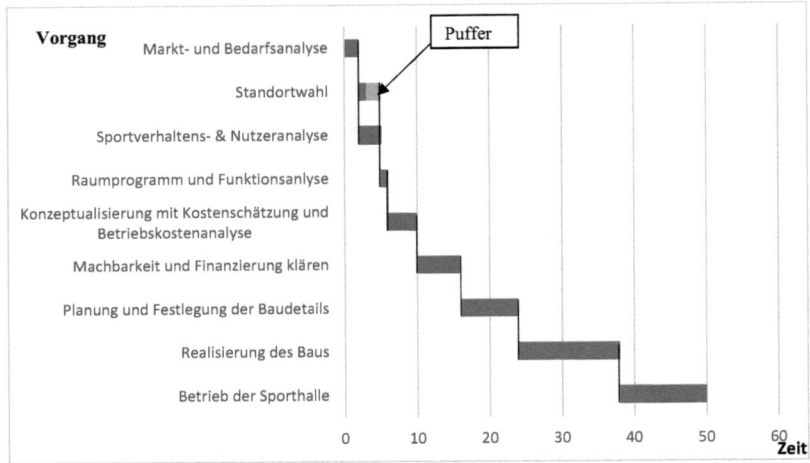

Abb. 1:PLANNET-Diagramm (eigene Darstellung)

Nicht zu vergessen bei dieser Darstellung ist, dass der Betrieb der Sportstätte über die 12 Monate hinaus geht, wie in Tabelle 1 dargestellt ist.

Da Balkendiagramme eher für kleinere Projekte verwendet werden und für größere, komplexe Projekte nicht geeignet sind (Corsten & Corsten, 2000, S.149), wird nachfolgend die Netzplantechnik dargestellt.

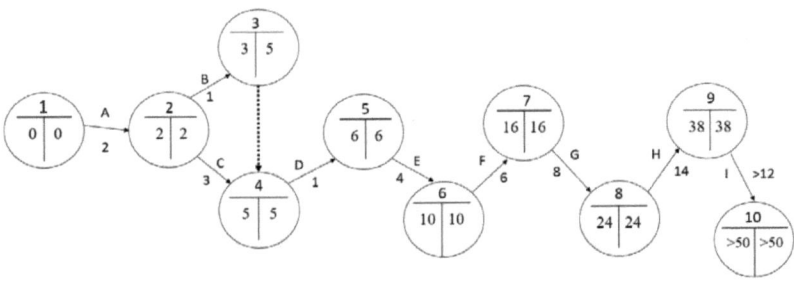

Abb. 2: Netzplantechnik (eigene Darstellung)

2

Mit der Netzplantechnik können zeitliche Abhängigkeiten, sowie Puffer und Prozessfolgen dargestellt werden. Zusätzlich bezieht sie Zeit, Kosten und Kapazitäten mit ein (Paul,2009, S.3).

Diese Technik hat die Vorteile, dass sie relativ einfach anwendbar sind und in verschiedenen Bereichen wie in der Planung sowie Abwicklung von Projekten, oder der Darstellung von Produktionsabläufen (Zimmermann und Stache, 2001, S. 6). Aus der oberen Darstellung geht hervor, dass zwei Vorgänge nach dem ersten Schritt gleichzeitig stattfinden, was man auch Scheinvorgänge nennt. Daraus entsteht ein Puffer von 2 Monaten für die Standortwahl.

Zusammenfassend kann man sagen, dass aus den Diagrammen folgendes hervorgeht: Nach 38 Monaten kann frühestens mit dem Betrieb der Sportanlage begonnen werden, für diese dann eine Nutzungsdauer von mindestens 12 Monaten eingeplant wird.

2 Kommunale Sportentwicklungsplanung

2.1 Grundformel zur Berechnung des Sportstättenbedarfs

Im Rahmen der kommunalen Sportentwicklungsplanung wurde ein Memorandum erstellt, welcher ein allgemein anerkannter Leitfaden darstellt (Hübner,2013, S.10). Dieser beinhaltet ein Gesamtkonzept, welches ein zielgerichtetes, methodisches Vorgehen zur Festlegung von Rahmenbedingungen im Sport beinhaltet.

Gründe und Herausforderungen für die Entwicklungen des „Memorandum zur kommunalen Sportentwicklung" sind unteranderem der zunehmende Bedarf an Sportanlagen sowie die Herausforderung, dass Sportstätten auch unter betriebswirtschaftlichen Gesichtspunkten geführt werden müssen. Auch der Mangel an qualifizierten Kräften stellt eine Herausforderung dar (Rütten et al., 2010, S.5 ff.)

Zunächst muss der aktuelle Sportstättenbedarf ermittelt werden. Hierzu wird eine Grundformel angewendet, die im Folgenden dargestellt und erläutert wird.

Grundformel zur Berechnung des Sportstättenbedarfs (Rütten et al. 2010):

$$\text{Sportstättenbedarf} = \frac{\text{Sportbedarf (Sportler x Häufigkeit x Dauer) x Zuordnungsfaktor}}{\text{Belegungsdichte x Nutzungsdauer x Auslastungsfaktor}}$$

Um die Formel verständlich zu machen, werden die einzelnen Parameter kurz erläutert: Der Sportbedarf setzt sich zusammen aus Sportlern, also die Personen, die sich regelmäßig sportlich beteiligen. Aus der Häufigkeit, also der Anzahl an Sporteinheiten pro Woche, die ein Sportler ausführen möchte. Und der Dauer in Stunden, die der Sportler im Durchschnitt für eine Einheit aufbringen möchte.

Der Zuordnungsfaktor beschreibt den Anteil der Sportart, an allen Sportarten, die in einer Sportstätte durchgeführt werden.

Im Nenner der Formel steht zum einen die Belegungsdichte, welche beschreibt, wie viele Sportler einer Sportart gleichzeitig die Anlage der Sportstätte benutzen dürfen. Diese wird multipliziert mit der Nutzungsdauer, also dem Zeitraum in Stunden, in dem die Anlage pro Woche für diese Sportart verwendet werden kann. Der Auslastungsfaktor ist der letzte Parameter der Formel und beschreibt das Verhältnis zwischen der Auslastung, die tatsächlich stattfindet und derer, welche maximal möglich ist.

2.2 Berechnung des Sportstättenbedarfs

In dieser Aufgabe soll auf Grundlage der Grundformel, der Sportbedarf und der Auslastungsfaktor der Stadt Mannheim für den Fußballsport berechnet werden. Grundlage hierfür stellt die Tabelle in der Aufgabenstellung dar.

Der Sportbedarf:
Der Sportbedarf errechnet sich Folgendermaßen: Sportler x Häufigkeit x Dauer.
24000 x 1,5 x 1,8 = 64800
Der Sportbedarf beträgt also 64800.
Um den **Auslastungsfaktor** zu berechnen muss die Formel zur Sportstättenbedarfsrechnung umgestellt werden.
Zunächst werden die Zahlen für die Einzelnen Parameter eingesetzt:

$$70 = \frac{64800 \times 0{,}5}{25 \times 30 \times X}$$

Als zweiter Schritt wird die Formel nach X aufgelöst:

$$70 = \frac{32400}{750X}$$

4

$70 \times 750X = 32400$

$750\,X = 462{,}86$

$X = 0{,}6171$

Der Auslastungsfaktor liegt demnach bei 0,6171 bzw. bei 61,71 %

2.3 Förderinteresse

„Während die Bundesregierung ausschließlich den Breitensport fördert, besitzen die Bundesländer und Kommunen lediglich Förderinteressen am Spitzensport." Diese Aussage beinhaltet drei Förderinteressenten, zum einen die Bundesregierung. Die Bundesregierung hat laut diesem Statement nur Interesse an der Förderung des Breitensports, welches nicht der Wahrheit entspricht. Im Fokus der Bundesregierung liegt die Förderung des Spitzensports, da dieser ein wichtiger Punkt für das Ansehen der Bundesregierung ist, es soll also das Image von Deutschland durch den Spitzensport verbessert werden. Jedoch sollte hierbei berücksichtigt werden, dass der Bund nur den Bau von Sportstätten fördert, wenn alle anderweitigen Finanzierungsmittel ausgeschöpft werden. Dies nennt man auch „Subsidiaritätsprinzip". Die Fördergelder fließen hierbei eher in anerkannte Einrichtungen des Spitzensports wie z.B. Olympiastützpunkte. Der Breitensport hingegen wird nicht gefördert.

Die Bundesländer und Kommunen besitzen ebenfalls Interesse an der Förderung des Spitzensports, da in den jeweiligen Bundesländern einige Sportanlagen befinden und je attraktiver oder erfolgreicher die Sportler und Sportstätten der Kommunen sind, um so mehr Bundestrainer und Bundesmittel fließen. Hierdurch könne z.B. einzelne Sportstätten weiter ausgebaut werden.

Aber auch der Breitensport spielt eine wichtige Rolle für die Bundesländer und Kommunen, da dieser nicht von der Bundesregierung wahrgenommen wird, jedoch gerade der Breitensport wichtige Aspekte, wie die Bewegung aber auch die Förderung der Entwicklung von sozialen Kompetenzen der Kinder und Jugendlichen bzw. der Erwachsenen sowie die der Gesundheitsförderung einschließt (Ministerium für Familie, Kinder, Jugend, Kultur und Sport des Landes Nordrhein-Westfalen, 2012). Fördermittel fließen zum Beispiel in den Bau und in die Sanierung von Sportstätten sowie in den Sportbetrieb oder Förderung der Trainer im Bereich des Breitensports.

Zusammenfassend lässt sich sagen, dass die Bundesregierung ihren Fokus auf den Spitzensport legt, primär um das Image Deutschlands zu fördern, während Kommunen und Bundesländer neben dem Spitzensport auch den Breitensport fördern, und so auch einen größeren Anteil der Sporttreibenden Bevölkerung erreicht.

3 Finanzierung und Betrieb von Sportanlagen

3.1 Investition und Finanzierung

2015 wurde durch den TV Niederensingen in Zusammenarbeit mit der Kommune ein Neubau einer Dreifachsporthalle realisiert. Hierzu soll im Folgenden der Kapitalwert und die Barwerte der Investition berechnet werden.

Um den Kaptalwert zu berechnen wird folgende Formel verwendet:

$$K = -A_0 + \sum_{t=1}^{n}(E_t - A_t)(1 + i)^{-1} + L_n(1 + i)^{-n}$$

Um den Wert mit Hilfe der Formel zu berechnen, müssen zunächst die Einzahlungen und Auszahlungen berechnet werden, um im Anschluss die Barwerte zu bestimmen und die Ergebnisse dann in die Formel einzusetzen.

Folgende Parameter sind gegeben:

Anschaffungskosten: 3.000.000 €

Nutzungsdauer: 5 Jahre

Ausgaben: 100.000 € (netto) pro Jahr. Steigen jährlich um 3 %.

Einnahmen: 60.000 € Brutto, also 50.420 € Netto. Einnahmen sollen jährlich um 15% steigen. + 1000 € (netto) monatliche Einnahmen durch die Kommune, welches 12.000 € pro Jahr beträgt.

Kapitalverzinsung: 12%

Die Jährlichen Einnahmen werden zunächst folgendermaßen berechnet: Netto Einnahmen + Nettoeinnahmen durch Schulnutzung der Kommune.

Tab. 2: Einnahmen

Jahr	Mehreinnahmen	Einnahmen Schulnutzung	Einnahmen Gesamt
1	50420,17,-	12000,-	62420,17,-
2	57983,20,-	12000,-	69983,20,-
3	66680,68,-	12000,-	78680,68,-
4	76682,78,-	12000,-	88682,78,-
5	88185,20,-	12000,-	100185,20,-

Danach werden die Ausgaben berechnet und alle Werte in die Tabelle eingefügt

Tab. 3: Barwerte

Jahr	Einnahmen	Ausgaben	Differenz	Abzinsungsfaktor	Barwert
1	62420,17,-	100000,00,-	- 37579,83,-	$1,12^{-1}$	- 33553,42,-
2	69983,20,-	103000,00,-	- 33016,80,-	$1,12^{-2}$	- 26320,79,-
3	78680,68,-	106090,00,-	- 27409,32,-	$1,12^{-3}$	- 19509,41,-
4	88682,78,-	109272,70,-	- 20589,92,-	$1,12^{-4}$	- 13085,27,-
5	100185,20,-	112550,88,-	- 12365,68,-	$1,12^{-5}$	-7016,62,-
Summe					- 99485,51,-

Einfügen der gegebenen Werte in die Formel:

K= -3.000.000 + (-99.485,51)

K= -3.099.485,51,-

Der Kapitalwert liegt bei -3.099.485,51 €

3.2 Auslastungsanalyse einer Sportanlage

Sportanlagen mit programmierter Nutzung sind Anlagen, die Hauptsächlich zum gleichen Zeitpunkt genutzt werden. Die Zuteilung der Belegungszeiträume wird bei dieser Nutzung über Belegungspläne geregelt. Die Herausforderung liegt darin, die Sportanlage möglichst häufig mit Sportgruppen zu belegen. Durch eine optimale Auslastung einer Sportanlage soll ein hoher Kostendeckungsgrad erreichte werden und die Sportnachfrage der Gesellschaft gestillt werden. Um die Optimale Auslastung erreichen zu können, muss zunächst eine Auslastungsanalyse durchgeführt werden. Zunächst werden die Belegungszeiträume aufgegliedert und die Stunden heraus gerechnet. Danach müssen folgende Parameter errechnet werden: Ist-Nutzungsdauer, also die tatsächlich genutzten Zeiträume und die Soll-Nutzungsdauer, also die mögliche zu nutzende Zeiträume Dazu kommen die Ist-Belegungsdichte, also die Anzahl von Sportlern, die gleichzeitig innerhalb derselben Sportart und Leistungsstufe, die in einem Zeitraum gleichzeitig anwesend sind und die Soll-Belegungsdichte, also die Anzahl Sportler je Anlageneinheit, die maximal möglich ist. Die errechneten Ergebnisse werden dann in die Errechnung der Auslastung einbezogen. Um die Auslastung auszurechnen werden die Ist-Sportler h/Woche durch die Soll-Sportler h/Woche geteilt und dann mal hundert gerechnet, um den Prozentsatz zu erhalten.

Im Folgenden sollen die Kennzahlen berechnet werden, welche für eine Auslastungsanalyse bei programmierter Nutzung gebraucht werden. Grundlage dieser Berechnung ist die Tabelle in der Aufgabenstellung.

Tab. 4:Auslastungsanalyse

Belegungszeit-raum	Belegung		
	Stunden	Ist-Belegungs-dichte	Soll-Belegungs-dichte
17:00-18:30	1,5	14	12
20:00-21:30	1,5	-	15
19:00-21:30	2,5	15	20
20:00-22:00	2	18	15
19:00-20:00	1	5	15
		Auslastung	
	Rechenweg	Ist	Soll
Ist-Nutzungsdauer	1,5h+2,5h+2h+1h	7h	
Soll-Nutzungsdauer	1,5h+1,5h+2,5h+2h+1h		8,5h
Ist-Sportler	14+15+18+5	52	
Soll-Sportler	12+15+20+15+15		77
Auslastung in %	$\left(\frac{52}{77}\right)$x100	67,53%	

Die Kapazitätsreserve errechnet sich durch die Ist-Auslastung, welche durch die Soll-Auslastung geteilt wird. Danach wird die Maximale Nutzungskapazität abgezogen. Die Max. Nutzugskapazität ist in der Aufgabe vorgegeben und beträgt 83%.

Die Ist und Soll-Sportstunden errechnet sich aus den Stunden mal die Ist- bzw. Soll-Belegungsdichte. Hierfür wird jeder Tag einzeln berechnet und am Ende alle addiert.

Ist-Sportstunden: (1,5hx14)+(2,5hx15)+(2hx18)+5=99,5

Soll-Sportstunden: (1,5hx12)+(1,5hx15)+(2,5hx20)+(2x15)+15=135,5

(99,5:135,5)x100=73,43%.

83%-73,43%=9,57%.   Die Kapazitätsreserve beträgt 9,57%.

9

3.3 Auslastungsoptimierung

Im Rahmen der Optimierungsmöglichkeiten hinsichtlich der Belegungszuweisung soll erreicht werden, dass die Ist-Auslastung möglichst nah an die Maximale Nutzungskapazität von 83% herankommt.

Tab. 5:Optimierung der Belegungszuweisung

Belegungszeitraum	Ist-Belegungsdichte	Soll-Belegungsdichte	Optimierung
Mo 17:00-18:30	14	12	5
Di 20:00-21:30	-	15	14
Mi 19:00-21:30	15	20	18
Do 20:00-22:00	18	15	15
Fr 19:00-20:00	5	15	-

Berechnung der optimierten Ist-Sportstunden:

$(1,5x5)+(1,5x14)+(2,5x18)+(2x15)=103,5$

Berechnung der optimierten Auslastung:

$(103,5:135,5)x100=76,38\%$

Die optimierte Auslastung beträgt 76,38%.

Die neue Ist-Auslastung beträgt 76,38% und liegt somit noch deutlich unter den maximalen Nutzungskapazitäten von 83%. Man müsste also die Trainingszeiten bzw. die Ist- und Soll-Belegungsdichte anpassen, um eine höhere Auslastung zu erreichen. vergleicht man die Optimierung mit der tatsächlichen Ist-Auslastung, erkennt man jedoch, dass es einen deutlichen Unterschied macht, wie man den jeweiligen Sportgruppen die Trainingszeiten – und längen zuweist. Geht man davon aus, dass die hier geprüfte Sportanlage eine Sporthalle darstellt, bewegt man sich mit den 76,38% im Normbereich, der zwischen 75-80% liegt (Bach, 2004a, S.111).

3.4 Nachhaltigkeit von Sportstätten

Im Rahmen der Planung, des Baus und der Nutzung von Sportanlagen- und Sportstätten wird immer mehr auf die Nachhaltigkeit geachtet. Doch was bedeutet dies im heutigen Verständnis? Unter Nachhaltigkeit versteht man einen umwelt- und sozialverträglichen wirtschaftlichen Erfolg. Dieser sollte unter Berücksichtigung des „Drei-Säulen-Modells

10

realisiert werden (Hauff & Kleine, 2009, S.17). Dieses Modell beinhaltet die Nachhaltigkeit in den Bereichen Ökonomie, Ökologie und Soziales. In Bezug auf Sportanlagen und Sportstätten bedeutet dies, dass diese so betrieben werden, dass negative ökonomische, ökologische und soziale Folgen durch den Betrieb der Sportanlage vermieden werden. Gleichzeitig sollte ein möglichst großer Nutzen für unterschiedliche Parteien wie für den Betreiber, die Nutzer oder auch die Gesellschaft entsteht (Neuerburg,2009, S.6).

Im Zuge der Nachhaltigkeit soll folgende Aussage diskutiert werden: „Die nachhaltigsten Olympischen Spiele sind die, die gar nicht stattfinden".
Sportgroßveranstaltungen wie die Olympischen Spiele bedürfen einer Umfangreichen Planung, im Zuge dessen müssen auch Maßnahmen zur Nachhaltigkeit eingeplant werden. Durch die hohen Besucheranzahl und die Teilnahme vieler Sportler sind die Veranstaltungsorte und die Umwelt einer hohen Belastung ausgesetzt. Doch ist es wirklich besser die Olympischen Spiele nicht auszutragen anstatt sie nachhaltig zu nutzen?
Ein Beispiel für die Nachhaltigkeit sind die Olympischen Spiele in London 2012. Hier wurde von vorne herein die Nachhaltigkeit in die Planung mit einbezogen. Viele Stadien konnten aufgrund ihres temporären Baus im Nachhinein auseinandergebaut werden und die Teile verkauft werden. Die permanenten Sportstätten ließen sich ebenfalls verkleinern (Volkery, 2012). Teilweise wurden bereits vorhandene Stadien verwendet und nach Olympia wurden Wohnungen im Olympischen Dorf errichtet. Der Nachteil hierbei liegt allerdings im gestiegenen Mietpreis im Stadtteil Stratford (Deutschlandfunk, 2015).
London 2012 geht also als gutes Beispiel voran, aus einem alten, unbeliebten Stadtteil etwas zu machen. Zu Grunde liegt dem aber eine Intensive Planung des Baus und der Nutzung danach.
Einige Herausforderung bei der Austragung der Olympischen Spiele im Hinblick auf deren Nachhaltigkeit bestehen. Durch das hohe Besucheraufkommen und eine hohe Teilnehmeranzahl bei Sportgroßveranstaltungen ist der Austragungsort einer hohen Emission durch unterschiedliche Verkehrsmittel ausgesetzt. Neu errichtete Sportstätten können nach den Spielen schnell ungenutzt bleiben, wenn langfristig kein Bedarf besteht. Die Stadien und der Olympiapark sollten möglichst umweltfreundlich gehalten werden, um die Umwelt nicht zusätzlich zu belasten. Es sollte also darauf geachtet werden die Planung Intensiv auf Nachhaltigkeit zu prüfen. Gut wäre es, wenn keine neuen

Sportstätten gebaut werden müssten, damit man keine neuen Stätten errichten muss, welche gegebenenfalls später gar nicht genutzt werden. Umweltfaktoren müssen berücksichtigt werden, zum Beispiel durch kurze Wege zwischen den Wettkampfstätten. Unter Berücksichtigung dieser Aspekte können Olympische Spiele durchaus nachhaltig sein, die Herausforderung liegt dennoch in der Tatsächlichen Umsetzung.

4 Digitale Vermarktung von Sportanlagen und Sportstätten

Im Zuge des schnellen technischen Wandels gibt es im Bereich der Digitalisierung ständig neue Herausforderungen aber auch Möglichkeiten. Sie müssen mit dem Wandel mitgehen und aufrüsten, bzw. auf neue Technologien im Bezug auf neue Kommunikations-Infrastruktur und Vermarktungskonzepte setzen.

Es gibt verschiedene Möglichkeiten, durch die Digitalisierung in einer Sportanlage umgesetzt werden kann. In der folgenden Tabelle sollen vier Möglichkeiten zusammengestellt werden, diese im Profihandballclub umzusetzen. Hierbei soll außerdem der Potenzielle Mehrwert für unterschiedliche Personengruppen herausgearbeitet werden.

Tab. 6: Digitale Vermarktung einer Sportanlage

Möglichkeit	Mehrwert Betreiber	Mehrwert Fans	Mehrwert Sponsoren
Ticketing digitalisieren	- Schnellere Bearbeitung von Kundenanfragen - Sparen von Arbeitsprozessen bei Ticketerstellung - Zeiter-	- Schnellere Ticketbereitstellung - Flexible Handhabung - Spontanere Ticketkäufe möglich, da diese nicht erst bestellt werden	- Größere Reichweite - Möglichkeit zu Verknüpfungen und mobilen Zugriffen auf Webseite - Verschiedene/ Vielseitigere Möglichkeiten der Sponsoren Platzierung

Möglichkeit	Mehrwert Betreiber	Mehrwert Fans	Mehrwert Sponsoren
	sparnis durch einfachere, standardisierte Prozesse im Unternehmen	müssen.	
Vereins- App: Liveticker, Veranstaltungsdaten, Aktuelle Inhalte zum Verein	- Maximierung der Reichweite des Vereins - Zuwachs beim Merchandising - Höhere Präsenz auch außerhalb der Spielstätte	- Mehr Informationen während der Spiele - Exclusiver Content - Schnellzugriff auf Spielpläne und Veranstaltungen	- Größere Reichweite für Werbung - Größere Zielgruppe (nicht nur aktive Zuschauer während der Spiele) - Möglichkeit zu schnellen, direkten Verknüpfungen, die zur Sponsoren webseite führen
WLan in der Vereinseigenen Sportanlage	- Erhöhung der Serviceleistung - Vernetzung zu socialmediawebsite - Analyse der gewonnen Daten um	- Vernetzung mit Social Media - Durchgehender Internetzugriff - Nutzen von zusätzlichen online Angeboten während des Spiels/ Web Seiten	- Aktivierungsmöglichkeiten für Sponsoren - Analyse gewonnener Daten zu Sponsorenlogo Platzierung und Zielgruppenanalyse - Werbemöglichkeiten

Möglichkeit	Mehrwert Betreiber	Mehrwert Fans	Mehrwert Sponsoren
	Vermarktung zu optimieren	Zugriff	
Soziale Medien	- Größere Reichweite - Vergrößerung der Zielgruppe durch Mediale Präsenz - Zielgruppen Anpassung	- Aktueller Content - Direktzugriff auf Webseite - Aktuelle Veranstaltungseinsicht	- Analyse der Zielgruppe - Mehr Möglichkeiten zu Produktplatzierungen / Logo Platzierung - Größere Reichweite

5

6 Literaturverzeichnis

Bach, L. (2004a). Nutzung von Sportstätten – Formen der Nutzung und Analyse der Auslastung. In Landessportbund Hessen (Hrsg.), *Sportstätten-Management* . *Neue Wege für vereinseigene und kommunale Sportstäten* (Zukunftsorientierte Sportstättenentwicklung, Bd.6, 1.Aufl., S. 97-112). Frankfurt: Meyer und Meyer.

Corsten, H. & Corsten, H. (2000). *Projektmanagement. Einführung* (Lehr- und Handbücher der Betriebswirtschaftslehre). München: Oldenburg.

Deutschlandfunk (2015). *Für London war Olympia ein Gewinn.* Zugriff am 31.05.2019. Verfügbar unter https://www.deutschlandfunk.de/olympische-spiele-fuer-london-war-olympia-ein-gewinn.1773.de.html?dram:article_id=314414

Zimmermann, W. & Stache, U. (2001). *Operations Research. Quantitative Methoden zur Entscheidungsvorbereitung* (10., überarbeitete Aufl.). München: Oldenburg.

Hauff, M. von & Kleine, A. (2009). *Nachhaltige Entwicklung. Grundlagen und Umsetzung.* München: Oldenburg.

Hübner, H. (2013).Bedarf und Angebot von Sportanlagen in Einklang bringen. In T.Krämer (Hrsg.), *Indoor-Sportstätten* (S.10-11). Münster. Stadionwelt.

Ministerium für Familie, Kinder, Jugend, Kultur und Sport des Landes Nordrhein-Westfalen (2012). *Breitensport in NRW*, Ministerium für Familie, Kinder, Jugend, Kultur und Sport des Landes Nordrhein- Westfalen. Zugriff am 03.06.2019 Verfügbar unter http://www.sportland.nrw.de/sportpolitik/breitensport-in-nrw.html

Neuerburg, H.-J.(2009). Nachhaltiges Sportstättenmanagement- Ziele Handlungsfelder und Perspektiven. In Deutscher Olympischer Sportbund (Hrsg.), *Nachhaltiges Sportstättenmanagement. Dokumentation des 17. Symposiums zur nachhaltigen Entwicklung des Sports* (S.5-10). Bodenheim.

Olfert, K.,(2008). *Kompakt-Training Projektmanagement* (Kompakttraining Praktische Betriebswirtschaft, 6.Aufl.). Ludwigshafen: (Rhein): Kiehl.

Paul, T. (2009). *Netzplantechnik und Zuverlässigkeitsanalyse. Die Integration des Parameters Zuverlässigkeit.* Hamburg: Igel.

Rütten, A., Hübner, H., Wetterich, J., Wopp, C., Klages, A. & Stucke, N. (2010). *Memorandum zur Kommunalen Sportentwicklungsplanung,* Deutsche Vereinigung für Sportwissenschaft (dvs). e.V. Zugriff am 28.05.2019. Verfügbar unter https://www.dosb.de/fileadmin/fm-dosb/arbeitsfelder/umwelt-sportstaet-

ten/Downloads/Strukturentwicklung/Memorandum_Sportentwicklungsplanung_2010
.pdf

Volkery, C. (2012*). Einmal Olympia und zurück*, Spiegel Online. Zugriff am 02.06.2019. Verfügbar unter https://www.spiegel.de/panorama/olympia-2012-zu-ende-wie-london-die-spielstaetten-nun-nutzt-a-849663.html

7 Abbildungs- und Tabellenverzeichnis

7.1 Abbildungsverzeichnis

7.2 Tabellenverzeichnis